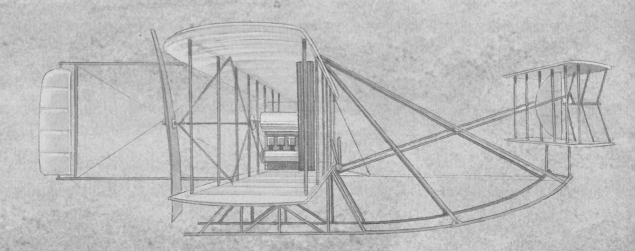

Título original del libro
The Wright Brothers and the Science of Flight

Título original de la colección
The Explosion Zone

Autor
Ian Graham estudió Física Aplicada en City University en Londres. Luego realizó estudios de posgrado en periodismo especializándose en ciencia y tecnología. Desde que se convirtió en escritor y periodista independiente ha escrito más de un centenar de libros de no ficción para niños.

Ilustrador
David Antram nació en Brighton, Inglaterra, en 1958. Estudió en Eastbourne College of Art y trabajó en publicidad durante quince años antes de ser artista de tiempo completo. Ha ilustrado muchos libros de no ficción para niños.

Creador de la serie
David Salariya

Edición en inglés
Karen Barker Smith

Graham, Ian
 Los hermanos Wright y la ciencia de la aviación / escrito por Ian Graham ; ilustrado por David Antram. -- Bogotá : Panamericana Editorial, 2005.
 32 p. : il. ; 24 cm. -- (Zona de explosión)
 Incluye glosario e índice.
 ISBN 978-958-30-1845-9
 1. Wright, Wilbur, 1867-1912 2. Wright, Orville, 1871-1948 3. Aviación – Historia – Literatura infantil 4. Aviadores – Biografías – Literatura infantil I. Antram, David, 1958-, il. II. Tít. III. Serie.
 I923.973 cd 19 ed.
 AJF3489

        CEP-Banco de la República-Biblioteca Luis Ángel Arango

Editor
Panamericana Editorial Ltda.

Traducción
Diana Esperanza Gómez

Primera edición en Panamericana Editorial Ltda., junio de 2007
Primera edición, The Salariya Book Company Ltd., 2003

© 2003 The Salariya Book Company Ltd.
© 2005 de la traducción al español: Panamericana Editorial Ltda.
Calle 12 No. 34-20. Tels.: 3603077 - 2770100
Fax: (57 1) 2373805
Correo electrónico:
panaedit@panamericanaeditorial.com
www.panamericanaeditorial.com
Bogotá, D.C., Colombia

ISBN 978-958-30-1845-9

Impreso en Colombia   Printed in Colombia

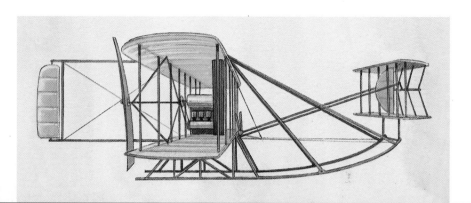

Los hermanos Wright
y la ciencia de la aviación

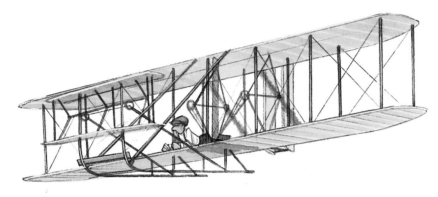

Escrito por
Ian Graham

Ilustrado por
David Antram

Zona de Explosión

PANAMERICANA
EDITORIAL

Contenido

Introducción

esde que tenemos memoria los pájaros vuelan, pero los humanos no; siempre ha sido así. Y así era el mundo, o esto pensaba la mayoría de las personas. Sin embargo, en un tiempo algunos creían que era posible construir máquinas voladoras que realmente se elevaran. Otros aseguraban que aquéllos estaban locos y había quienes afirmaban que la gente no podía volar y, por tanto, era peligroso ir en contra de las leyes de la naturaleza.

Orville y Wilbur Wright

Hacia 1890, tras cientos de años, todos los intentos por construir máquinas voladoras más pesadas que el aire habían fallado. Al principio algunos se creían aves y trataban de imitarlas: se lanzaban desde torres y colinas muy altas con alas similares a las de los pájaros. En vez de planear suavemente, la mayoría de ellos se estrellaban contra el piso, enredándose con sus inventos; para unos, ésta fue la última idea que tuvieron. Parecía cierto que los humanos, de hecho, no estaban hechos para volar. Más tarde, una gran cantidad de inventores empezaron finalmente a entender la ciencia de la aviación; ensayaron alas con diferentes formas y tamaños y fueron dándose cuenta de cuáles funcionaban. Construyeron planeadores que viajaban con el viento. Posteriormente, dos hermanos estadounidenses desconocidos, Wilbur y Orville Wright, decidieron ensayar y construyeron máquinas voladoras. ¡Ellos cambiarían el curso de la historia!

Wilbur enfermó y murió en 1912, a los 45 años; su hermano vivió hasta 1948, testigo de la era de los aviones con motor de reacción.

Inspiración

En 1878, cuando Orville Wright tenía siete años y su hermano Wilbur once, su padre les regaló un helicóptero de juguete. Los juguetes que volaban existían desde hacía más de 500 años. Los hermanos disfrutaban haciéndolo volar e incluso realizaron varias copias de éste. Cuando crecieron trabajaron en la tienda de bicicletas de la familia en Dayton, Ohio. En 1890, las historietas de periódico acerca de planeadores suficientemente grandes como para llevar a una persona, los inspiraron de nuevo al vuelo. Leyeron acerca de máquinas voladoras y decidieron construir la suya. Al principio creyeron que no iban a tener éxito.

Helicóptero de juguete parecido al que recibieron los hermanos Wright.

ORVILLE WRIGHT. Nació el 19 de agosto de 1871 en Dayton, Ohio, Estados Unidos.

WILBUR WRIGHT. Nació el 16 de abril de 1867 cerca de Millville, Indiana, Estados Unidos.

VUELOS EN PLANEADOR. En 1896 los hermanos Wright leyeron acerca de un aviador alemán, Otto Lilienthall, quien había construido sus propios planeadores y los volaba exitosamente.

¡Zum!

¡Crac!

¿por qué no podemos volar? Comparados con los pájaros, somos más pesados y no tenemos alas ni forma aerodinámica.

Alas y plumas

Músculos fuertes en el pecho

Músculos débiles en el pecho

Pesado

WILBUR Y ORVILLE siendo niños y después de haber leído acerca de aparatos que volaban, construyeron su propio modelo de aeronave. Su padre les resolvía sus problemas buscando las respuestas en los libros.

ALERONES. Algunos trataron de hacer una réplica a gran tamaño de los ornitópteros, juguetes que vuelan agitando sus alas (izquierda). Ninguno funcionó.

CONTROL. Los pilotos controlaban sus planeadores aprovechando el peso de su cuerpo. Los hermanos Wright pensaban que había una mejor manera de hacerlo.

7

Con un ala y una oración

Los hermanos Wright querían construir un aeroplano con motor, pero decidieron hacer un planeador antes de enfrentarse a un invento que requería maquinaria. Esto exigía diseñar alas. Pero ¿qué forma tendrían? ¿De qué tamaño? Construyeron varios modelos y ensayaron diferentes formas. Más tarde, en 1899, elaboraron un modelo más grande, de 1,5 metros de envergadura, basados en el diseño de un biplano (con dos alas, una encima de la otra). No era suficientemente grande como para llevar a una persona, pero volaba como una cometa.

¡Sostenme, Wilbur!

El biplano fue hecho con un armazón de madera, cubierto de tela. Lo pintaron con un tipo de barniz para sellar la tela, de modo que el aire no la atravesara. Cuando lo ensayaron, en efecto, ¡voló! Si había ráfagas de viento, podía elevarse del piso. El siguiente paso fue construir un planeador ¡bastante grande como para transportar a una persona!

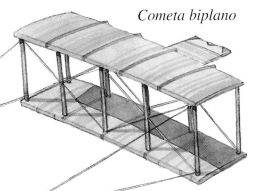

Cometa biplano

Elevación

Presión más baja

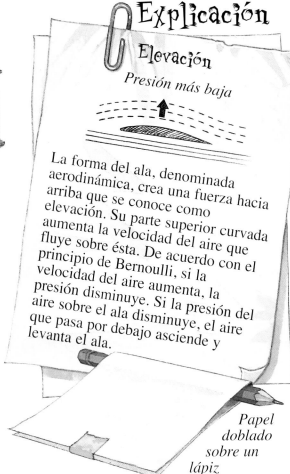

La forma del ala, denominada aerodinámica, crea una fuerza hacia arriba que se conoce como elevación. Su parte superior curvada aumenta la velocidad del aire que fluye sobre ésta. De acuerdo con el principio de Bernoulli, si la velocidad del aire aumenta, la presión disminuye. Si la presión del aire sobre el ala disminuye, el aire que pasa por debajo asciende y levanta el ala.

Papel doblado sobre un lápiz.

EL LUGAR PERFECTO. En la ciudad natal de los Wright no venteaba suficiente para probar los planeadores; entonces le pidieron al Servicio Nacional de Meteorología de Estados Unidos que les ayudara a encontrar un sitio donde el viento fuese más fuerte. Escogieron Kill Devil Hills, cerca de Kitty Hawk, en Carolina del Norte.

OCÉANO PACÍFICO

OCÉANO ATLÁNTICO

Dayton •

Kill • Devil Hills

Inténtalo tú mismo

Dobla una hoja de papel sobre un lápiz y pega los extremos. Sostén el lápiz al nivel de tu labio inferior, para que el ala que acabas de construir caiga. Sopla hacia abajo por encima de la hoja y ésta se elevará. El soplo disminuye la presión de aire que se ejerce sobre el ala, genera propulsión y la eleva.

¿Crees que está venteando lo suficiente, Orville?

Primeros planeadores

La envergadura del primer planeador a gran escala, construido por Orville y Wilbur, era de 5,3 metros. En él, el piloto se acomodaba sobre el ala inferior. Este planeador ascendía o descendía al inclinar un elevador ubicado al frente. El secreto era balancearlo. Si no se equilibra una bicicleta, se estrella; lo mismo pasa con las aeronaves. Los hermanos Wright desarrollaron un sistema de balanceo que consistía en halar unas cuerdas que hacían girar las puntas de las alas. Lo llamaron torsión del ala. Tristemente su planeador no voló bien y el que hicieron después fue peor. Sus diseños se basaban en la investigación de Otto Lilienthall; se preguntaban si él no se habría equivocado...

Cronómetro

CRONÓMETRO. Todos los vuelos del planeador se cronometraban en segundos.

UN CLINÓMETRO se utilizaba para medir la inclinación de cada planeador al ascender o al descender.

Clinómetro

EL ANEMÓMETRO medía la velocidad del viento. Su hélice y un dial indicaban la velocidad.

Cinta métrica

PICADURAS DE MOSQUITOS. ¡La vida en Kill Devil Hills no era muy placentera! Muchos mosquitos volaban sobre las dunas… ¡y sobre los hermanos Wright! Orville escribió a casa: "Nos pican sobre la ropa y las medias; las ampollas empiezan a crecer sobre mi cuerpo como si fueran huevos de gallina".

CINTA MÉTRICA. Ellos medían la longitud de todos sus vuelos con una cinta métrica.

Anemómetro

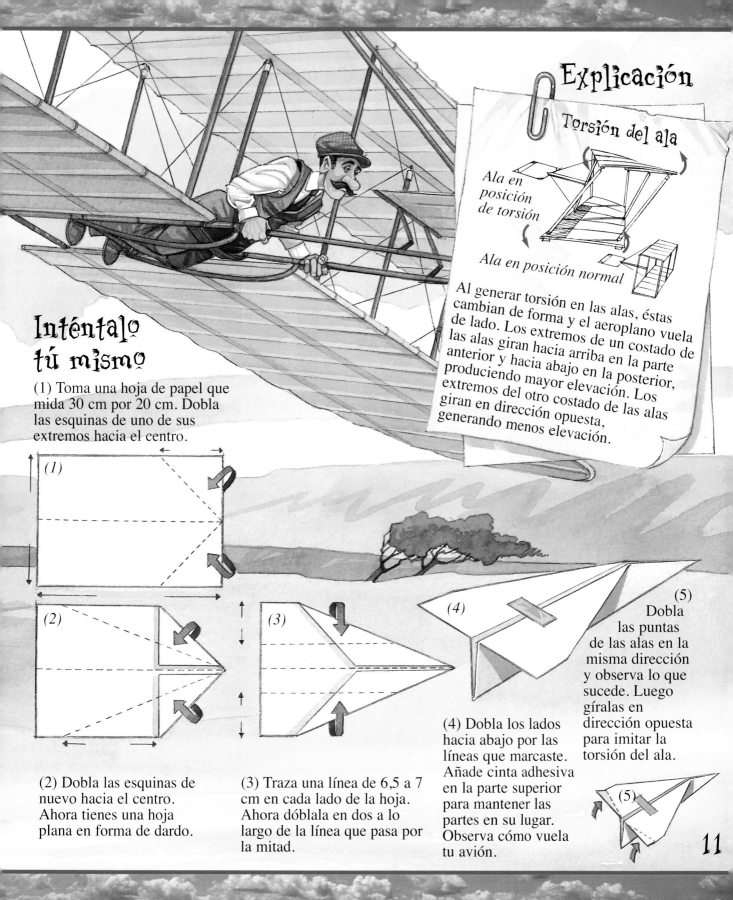

Inténtalo tú mismo

(1) Toma una hoja de papel que mida 30 cm por 20 cm. Dobla las esquinas de uno de sus extremos hacia el centro.

Explicación

Torsión del ala

Ala en posición de torsión

Ala en posición normal

Al generar torsión en las alas, éstas cambian de forma y el aeroplano vuela de lado. Los extremos de un costado de las alas giran hacia arriba en la parte anterior y hacia abajo en la posterior, produciendo mayor elevación. Los extremos del otro costado de las alas giran en dirección opuesta, generando menos elevación.

(1)

(2)

(3)

(4)

(5)

(2) Dobla las esquinas de nuevo hacia el centro. Ahora tienes una hoja plana en forma de dardo.

(3) Traza una línea de 6,5 a 7 cm en cada lado de la hoja. Ahora dóblala en dos a lo largo de la línea que pasa por la mitad.

(4) Dobla los lados hacia abajo por las líneas que marcaste. Añade cinta adhesiva en la parte superior para mantener las partes en su lugar. Observa cómo vuela tu avión.

(5) Dobla las puntas de las alas en la misma dirección y observa lo que sucede. Luego gíralas en dirección opuesta para imitar la torsión del ala.

(5)

11

Volver a empezar

os hermanos Wright se dieron cuenta de que no podían confiar en hechos ni en datos de otras personas y decidieron realizar su propia investigación. En 1901 regresaron a su casa, en Dayton, con los apuntes tomados acerca de los vuelos de ese año. Construyeron implementos para ensayar alas de diferentes formas. Como no tenían mucho dinero, fabricaron todo lo que necesitaban con los materiales, herramientas y equipo que tuvieran a mano. Elaboraron una máquina de prueba con una bicicleta y un túnel de viento con una caja de madera, un ventilador y el motor que usaban en el taller. Así, empezaron a trabajar en el diseño de un planeador completamente nuevo.

BICICLETA DE PRUEBA. Llevaba una rueda adicional encima, la cual soportaba una placa plana en un extremo y un ala modelo en el otro. Al montar la bicicleta, el viento que golpeaba la placa y el ala hacía girar la rueda en direcciones opuestas. Los hermanos Wright identificaron el tipo de ala más adecuado probando modelos de alas y observando cómo giraba la rueda.

Ala modelo

Placa plana

Bicicleta de prueba

12

Túnel de viento

TÚNEL DE VIENTO.

La máquina de prueba más útil de las inventadas por los hermanos Wright fue el túnel de viento. Un ventilador soplaba aire a través de éste a 48 km por hora; así evaluaban diferentes tipos de ala utilizando la misma velocidad del viento.

Explicación

Entrar en barrena

Dirección del vuelo

Si la nariz del avión se eleva demasiado, el aire no puede fluir suavemente sobre sus alas. La elevación desaparece repentinamente y el avión cae en picada. Esto se denomina ahogarse (o entrar en barrena).

Taller de los hermanos Wright

13

¡La perfección!

En 1902, Orville y Wilbur regresaron a Kitty Hawk con un nuevo planeador, el No. 3. Había sido diseñado con base en los resultados de su última investigación y las pruebas realizadas. Las alas eran más largas y delgadas que las de los planeadores anteriores y tenía dos aspas altas en la parte posterior. Volaba mejor pero aún presentaba algunos problemas. Los hermanos Wright notaron que volaba bien si las puntas de las alas estaban más cercanas entre sí, y la cola requería cambios para controlarla fácilmente al virar. Cuando lo terminaron, fue la primera aeronave del mundo totalmente controlada. Tuvieron tanto éxito que decidieron construir una aeronave con motor.

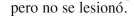

EL PLANEADOR WRIGHT No. 3 de 1902 era más imponente y con gracia, porque sus alas eran más largas y delgadas (arriba). Después de la investigación realizada para su diseño, voló mejor.
Sin embargo, el No. 3 podía fallar al virar. En uno de sus virajes se fue de lado y se golpeó contra el piso. Afortunadamente el piloto, Orville, quedó aturdido pero no se lesionó.

Creo que debemos revisar la cola.

Explicación

Guiñada, cabeceo y balanceo

La aeronave puede moverse de tres modos diferentes: guiñada, cabeceo y balanceo.

GUIÑADA. La aeronave guiña cuando su nariz gira a la izquierda o la derecha.

CABECEO. La inclinación de la aeronave cambia cuando su nariz se eleva o se inclina.

BALANCEO. La aeronave se balancea o gira cuando un ala asciende y la otra desciende.

PROBLEMAS DE VIRAJE. Los hermanos Wright discutieron y solucionaron el problema del viraje cambiando la cola del planeador.

TIMÓN. Decidieron cambiar la cola de modo que tuviera un aspa móvil, un timón (derecha), en vez de dos aspas fijas para que el piloto pudiera tener mayor control en los virajes.

LA COLA fue atada a la horquilla de torsión del ala (abajo). Entonces el planeador viraba automáticamente al girar la cola, manteniendo la aeronave bajo control. ¡La perfección!

Horquilla de torsión del ala

Control del elevador

El timón gira al aplicarle torsión al ala

15

La Potencia

Según los cálculos de los hermanos Wright, se necesitaba un motor de ocho caballos de fuerza que no pesara más de 82 kilogramos para poder manejar su nueva aeronave. Ellos creyeron poder comprarlo en alguna de las compañías que fabricaban motores, pero no consiguieron el que necesitaban. Entonces decidieron ¡construir su propio motor! Su mecánico de bicicletas, Charles Taylor, les ayudó con el diseño y la construcción. Tenía cuatro cilindros y requería gasolina común. En seis semanas estuvo listo para probarse. El sistema de refrigeración por agua no funcionaba muy bien, y el motor se calentaba rápidamente perdiendo potencia. Sin embargo, su motor fue suficientemente bueno para los vuelos de prueba cortos que planeaban, ¡en caso de que la aeronave despegara!

SE NECESITA UN MOTOR. Ellos escribieron a los proveedores las especificaciones del motor que necesitaban. Ninguno estaba en capacidad de suministrar el motor correcto al precio justo.

CONSTRÚYELO TÚ MISMO. Su mecánico, Charles Taylor, construyó el motor sin ningún plan detallado (arriba). Ellos le explicaron a Taylor las partes que necesitaban y éste las fabricó. Sorprendentemente, ¡funcionó!

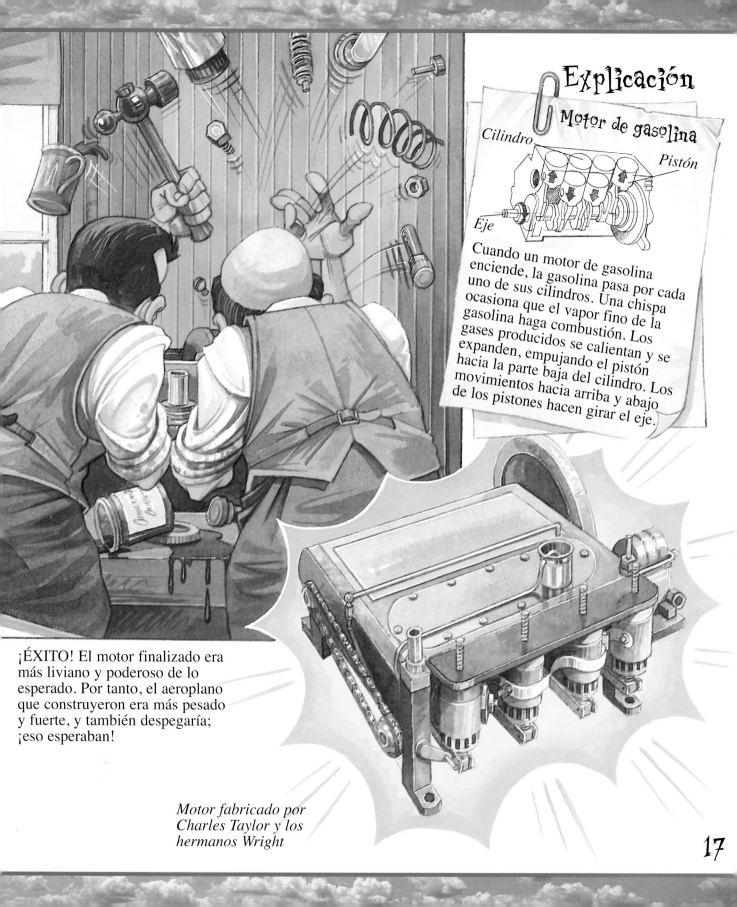

Explicación

Motor de gasolina

Cilindro

Pistón

Eje

Cuando un motor de gasolina enciende, la gasolina pasa por cada uno de sus cilindros. Una chispa ocasiona que el vapor fino de la gasolina haga combustión. Los gases producidos se calientan y se expanden, empujando el pistón hacia la parte baja del cilindro. Los movimientos hacia arriba y abajo de los pistones hacen girar el eje.

¡ÉXITO! El motor finalizado era más liviano y poderoso de lo esperado. Por tanto, el aeroplano que construyeron era más pesado y fuerte, y también despegaría; ¡eso esperaban!

Motor fabricado por Charles Taylor y los hermanos Wright

17

Hélices

El motor no puede hacer volar el aeroplano por sí solo. Se necesita una hélice para empujar la aeronave a través del aire. Ellos pensaban que rediseñar las hélices de los barcos bastaría para fabricar una que funcionara en el aire. Pero se sorprendieron al descubrir que las hélices de los barcos se fabricaban a base de ensayo y error. Antes de diseñar su propia hélice, tuvieron que descifrar cómo funcionaban las de los barcos. Entonces decidieron utilizar dos, controladas por cadenas desde el motor. Montar las hélices detrás de las alas significaría que ellos no podrían detener el flujo de aire sobre éstas.

Entonces, ¿por qué tienen esta forma, Orville?

¿Qué quieres decir con que tengo un genio terrible?

¡Tienes un genio terrible!

DISCUSIONES. Los hermanos Wright eran buenos para discutir. Por lo general, solucionaban sus problemas gritándose al máximo tono de sus voces.

HÉLICES DE BARCO. Los hermanos Wright querían que las hélices de su aeroplano se construyeran con base en las hélices de los barcos. El problema era que nadie sabía cómo se habían diseñado. Ni siquiera la gente que fabricaba las hélices de barco sabía por qué tenían esa forma.

LAS HÉLICES DE LOS HERMANOS WRIGHT FUERON PROBADAS (abajo) para asegurarse de que sus teorías y cálculos eran correctos. Cada hélice de madera medía 2,6 metros de un extremo al otro.

¡Parece que no saben, Wilbur!

Explicación
Cómo funciona una hélice

Una hélice es un conjunto de alas giratorias. Cuando sus cuchillas cortan el aire, la presión de éste disminuye hacia adelante y se incrementa atrás, desplazando el avión por el cielo.

Hélice

zumbido

Construcción del "Flyer"

L a primera aeronave con motor de los hermanos Wright, el "Flyer", tenía estructura de madera y su envergadura era de 12,3 metros. Poseía dos elevadores en la parte frontal y dos timones en la parte posterior. Las alas, los elevadores y los timones estaban cubiertos con tela. El motor estaba montado sobre el ala inferior. Aún no tenía sillas y el piloto debía recostarse sobre una horquilla que se deslizaba de lado a lado para generar torsión en las alas. Tampoco tenía ruedas: el "Flyer" descansaba sobre un carrito rodante a lo largo de un riel; cuando el avión despegaba, el carrito quedaba atrás. Cuando aterrizaba, simplemente se deslizaba sobre el suelo hasta detenerse.

El "Flyer"

Bueno, nos tomó cuatro años...

¡Esperemos que funcione!

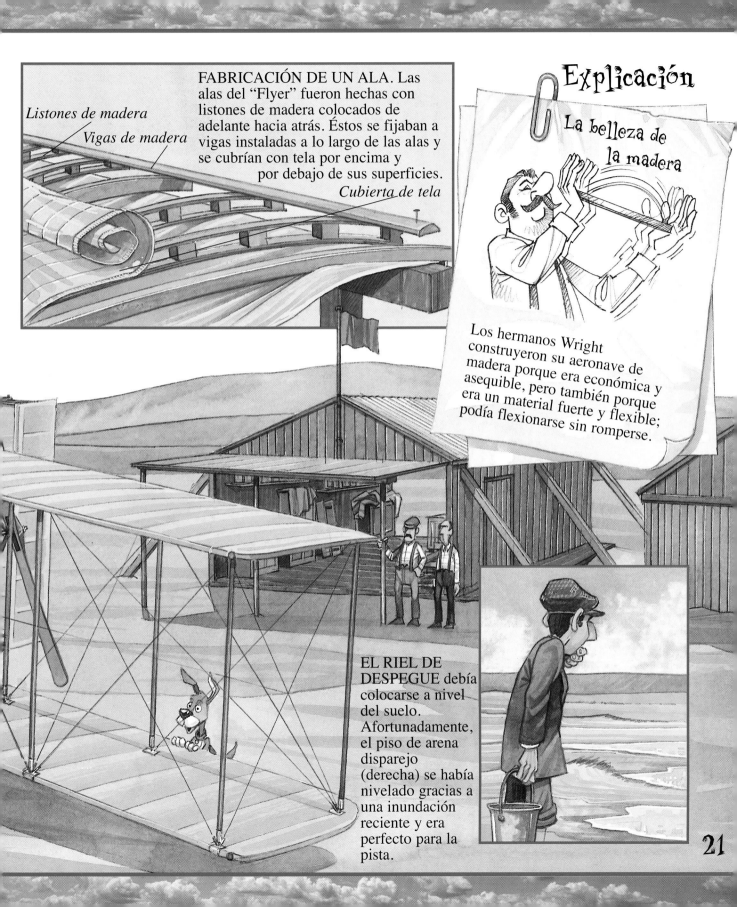

FABRICACIÓN DE UN ALA. Las alas del "Flyer" fueron hechas con listones de madera colocados de adelante hacia atrás. Éstos se fijaban a vigas instaladas a lo largo de las alas y se cubrían con tela por encima y por debajo de sus superficies.

Listones de madera

Vigas de madera

Cubierta de tela

La belleza de la madera

Los hermanos Wright construyeron su aeronave de madera porque era económica y asequible, pero también porque era un material fuerte y flexible; podía flexionarse sin romperse.

EL RIEL DE DESPEGUE debía colocarse a nivel del suelo. Afortunadamente, el piso de arena disparejo (derecha) se había nivelado gracias a una inundación reciente y era perfecto para la pista.

¡El primer vuelo... de la historia!

Los preparativos para el primer vuelo se realizaron en la mañana del 14 de diciembre de 1903. Los hermanos Wright lanzaron una moneda al aire para decidir quién pilotearía el "Flyer". Wilbur ganó, se recostó sobre la horquilla de torsión y se encendió el motor. El avión avanzó sobre el riel de despegue, ganó velocidad y despegó. ¡Pero ocurrió un desastre! El "Flyer" se estrelló contra la arena. Sólo pudieron intentarlo de nuevo el 17 de diciembre, cuando el turno para pilotear fue de Orville. Otras cinco personas presenciaron el intento. Esta vez el avión viajó por el aire y aterrizó 12 segundos después, 36 metros más adelante. Ese día efectuaron tres vuelos más. ¡Habían hecho historia!

EL PRIMER INTENTO de vuelo falló y el avión se dañó. Wilbur, quien piloteaba la nave, salió ileso.

¡Nunca había utilizado una cámara!

ENCENDER EL MOTOR. El avión se mantuvo quieto mientras se encendía el motor. Cuando éste alcanzó una gran velocidad, el avión fue liberado.

PREPARADOS. Orville le prestó su cámara a uno de los testigos, John Daniels, quien la enfocó hacia la posición en la cual el "Flyer" debía abandonar el suelo.

Imagen del primer vuelo, 17 de diciembre de 1903.

¡Daniels oprimió el botón en el momento justo para tomar la fotografía histórica (similar a la imagen superior) del primer vuelo de un aeroplano!

Explicación

Fuerzas que actúan sobre el aeroplano

Elevación

Resistencia

Empuje

Peso

Las mismas cuatro fuerzas actúan sobre todos los aeroplanos, incluso el "Flyer" de los hermanos Wright: peso, elevación, empuje y resistencia.

La elevación de las alas impulsa el avión hacia arriba; el empuje de la hélice lo desplaza hacia adelante; la resistencia al aire trata de disminuir la velocidad del avión, y el peso, por la gravedad, empuja el avión hacia abajo.

¡Lo hicieron, lo hicieron!

23

Y ahora, el modelo del año siguiente

acer historia resultaba suficiente para la mayoría de la gente, ¡pero no para Wilbur y Orville Wright! Para entonces habían construido una serie de aviones nuevos, cada uno mejorando el modelo anterior. El primero fue el "Flyer II", construido en 1904. Como el motor tenía fuerza, no necesitaba viento fuerte para despegar; entonces se fueron de Kitty Hawk y empezaron a volar en Huffman Prairie, más cerca de su casa de Dayton. En 1905 construyeron el "Flyer III", este fue el primer aeroplano práctico que realizaba vuelos más largos. Con esta aeronave podían ladearse, virar, volar en círculos, hacer la figura del ocho, lo que quisieran. El vuelo más largo del "Flyer III" duró 38 minutos.

El "Flyer II" en el aeródromo Huffman, EE.UU.

"FLYER II". Los hermanos Wright utilizaron el "Flyer II" para aprender a controlar un avión en el aire. Entonces pensaron que podían mejorarlo y construyeron otro avión al cual llamaron "Flyer III".

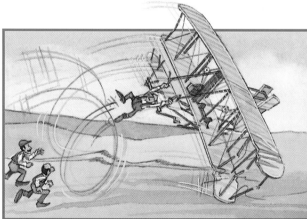

EL FINAL DEL "FLYER" ORIGINAL. El mismo día de su primer vuelo histórico, el "Flyer" original fue golpeado por una ráfaga de viento. John Daniels trató de controlarlo pero no lo consiguió y se lesionó. El "Flyer" sufrió tantos daños que nunca pudo volver a volar.

Encuentra la diferencia

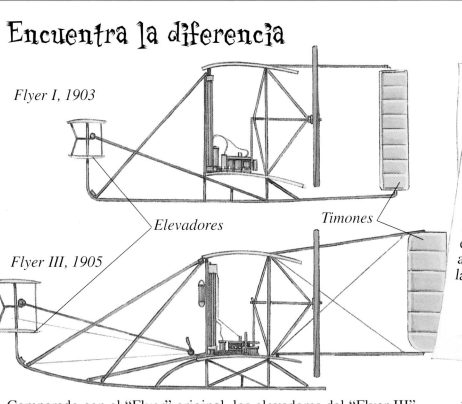

Flyer I, 1903

Elevadores

Timones

Flyer III, 1905

Comparado con el "Flyer" original, los elevadores del "Flyer III" estaban colocados más adelante y sus timones más atrás. El avión era más largo y el piloto podía controlarlo fácilmente.

ELEVACIÓN DE LA PESA DEL SISTEMA DE LANZAMIENTO. Antes de cada vuelo, la pesa de 800 kilogramos debía subirse a la cima de la torre (derecha). Por lo general, un grupo de voluntarios halaban la cuerda y la ataban al avión.

LANZAMIENTO A LO LARGO DE UN RIEL. El viento no siempre era el adecuado para despegar, entonces inventaron un nuevo modo de hacerlo sin depender de él. Una pesa caía (arriba) tirando de una cuerda que empujaba el aeroplano a lo largo del riel de lanzamiento.

Sistema de lanzamiento con pesa, poleas y riel

¡Miren, está volando!

25

Tome asiento

En 1907, los hermanos Wright construyeron un aeroplano con sillas. El "Tipo A", como se conoció, fue una versión mejorada del "Flyer III". No sólo tenía una silla para el piloto sino también una para un pasajero.

Los primeros pasajeros experimentaron la magia del vuelo en 1908. Ellos se sentaban en el ala con el piloto, lo cual era una experiencia muy venteada. Toda mujer que volara como pasajero debía amarrarse la falda con una cuerda para ¡conservar su pudor! Después, el piloto se sentaba, en vez de recostarse sobre la horquilla de torsión, ya no podía deslizarse de un lado al otro para virar las alas y ladear (hacer girar) el avión; en cambio, utilizaba los controles de mando para mover los timones, las alas y los elevadores.

Controles de vuelo

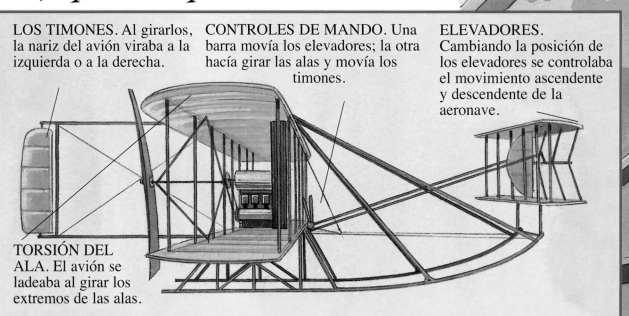

LOS TIMONES. Al girarlos, la nariz del avión viraba a la izquierda o a la derecha.

CONTROLES DE MANDO. Una barra movía los elevadores; la otra hacía girar las alas y movía los timones.

ELEVADORES. Cambiando la posición de los elevadores se controlaba el movimiento ascendente y descendente de la aeronave.

TORSIÓN DEL ALA. El avión se ladeaba al girar los extremos de las alas.

Explicación

Ladearse

La fuerza de elevación empuja la aeronave hacia los lados

Fuerza de elevación

El aeroplano debe ladearse, o girar hacia uno de sus lados, para realizar un viraje, como se haría en una bicicleta. Cuando el aeroplano se ladea, la fuerza de elevación de sus alas lo empuja hacia los lados para girar.

Aeroplanos modernos

Alerón

Timón

Elevador

Comparado con el "Flyer" de los hermanos Wright, el avión moderno, tiene los elevadores y los timones en la cola, y utiliza alerones (ver página 29) para dirigir, en lugar de la torsión del ala.

El mundo se entera

Los hermanos Wright mostraron su invento en 1908. Wilbur realizó vuelos en Francia, mientras que Orville le mostró el avión a la Armada de Estados Unidos. En 1905 le habían ofrecido a la Armada un avión de los hermanos Wright, pero éstos pensaron que la idea de los aeroplanos militares ¡era ridícula! Todo iba bien hasta cuando Orville invitó al teniente T. E. Selfridge a realizar un vuelo. Se estrellaron y Selfridge murió. De todos modos, la Armada compró el avión. Mientras tanto, en Francia, la gente no creía en el éxito de los hermanos Wright y se sorprendieron al ver que Wilbur volaba. El conde La Vaulx dijo que el avión de los Wright "había revolucionado el mundo de la aviación".

LOS VUELOS DE WILBUR EN FRANCIA eran noticias de primera página en los diarios de todas partes. Esta portada de revista (arriba) muestra a Wilbur volando sobre el campo de carreras Hunaudières, cerca de Le Mans, en 1908.

14-bis

Catedral voladora

LOS AVIADORES EUROPEOS estaban más atrasados que los hermanos Wright. En Francia, Alberto Santos-Dumont construyó un aeroplano extraño, el cual llamó "14-bis". En Inglaterra, el presentador de "Wild West", el coronel Cody, voló un enorme aeroplano apodado "Catedral voladora".

El primer accidente aéreo

El accidente de Orville y el teniente Selfridge fue causado por una hélice que empezó a vibrar y temblar (1). El movimiento aflojó el eje de la hélice. Una de las cuchillas de la hélice cortó un cable del timón (2).

Los extremos sueltos de la cuerda se enredaron alrededor de la hélice (3) y la rompieron (4). Orville detuvo la máquina y trató de aterrizar, pero el avión se vino en picada y se estrelló.

(1)

(2)

(3)

(4)

Explicación

Alerones

Alerón

Los hermanos Wright inventaron la torsión del ala y no permitieron que otros ingenieros de aeronaves utilizaran sus diseños. En cambio, otros tuvieron la idea de fabricar paneles, conocidos como alerones, que giraban hacia arriba y hacia abajo. Éstos son usados aún hoy.

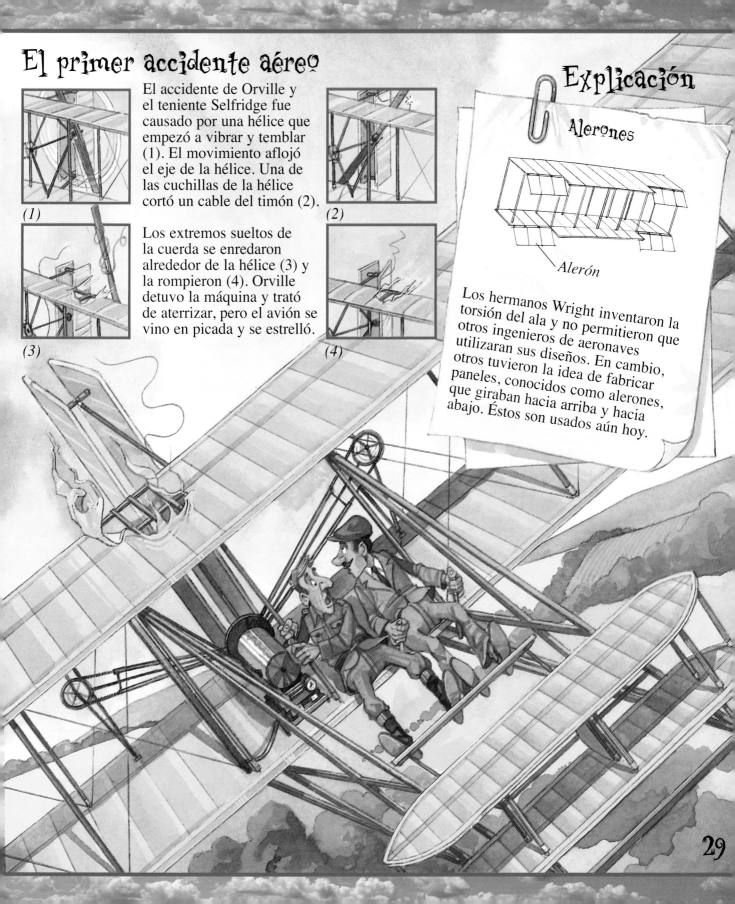

Glosario

Aerodinámica. Forma especial del ala para producir la elevación.

Ala. Parte de la aeronave que produce elevación al cortar el aire.

Alerones. Parte de las alas de la aeronave que se mueven hacia arriba o hacia abajo para que el aeroplano gire o se ladee.

Anemómetro. Instrumento para medir la velocidad del viento.

Aviador. Palabra con que solía denominarse al piloto.

Cabeceo. Movimiento de la aeronave que hace que la nariz se eleve o caiga.

Cilindro. Parte en forma de tubo dentro de un motor de gasolina, donde se quema la gasolina.

Clinómetro. Instrumento para medir la inclinación de una pendiente.

Eje. Rodillo giratorio de un motor.

Elevador. Parte de la aeronave que se balancea para que el avión ascienda o descienda.

Empuje. Fuerza que impulsa el aeroplano a través del aire.

Entrar en barrena. Pérdida repentina de elevación causada por un vuelo demasiado lento o porque la nariz de la aeronave está demasiado baja.

Fuerza de elevación. Fuerza producida por un ala que eleva el aeroplano.

Giro. Movimiento de la aeronave que eleva un ala y baja la otra.

Guiñada. Movimiento que hace girar la nariz de la aeronave a la derecha o a la izquierda.

Horquilla de torsión. Marco de madera que el piloto de los aeroplanos de los hermanos Wright utilizaba para recostarse y para mover de un lado a otro la nave.

Ladearse. Girar una aeronave sobre uno de sus lados para cambiar de dirección.

Listones. Tiras de la estructura del ala que van desde la parte frontal de ésta hasta su parte posterior.

Pistón. Parte del motor de gasolina que se mueve hacia arriba y hacia abajo dentro del cilindro y gira el eje principal del motor.

Planeador. Aeronave diseñada para volar sin motor.

Resistencia. Fuerza que intenta disminuir la velocidad de una nave, causada por la presión del aire contra la aeronave mientras vuela.

Timón. Parte de la cola de un aeroplano que gira de lado a lado, para que la nariz del avión se mueva a izquierda o derecha.

Torsión del ala. Giro de los extremos de las alas del avión para hacerlo virar o ladearse.

Túnel de viento. Tubo o cámara a través del cual se sopla el aire utilizando un ventilador para probar las alas y las otras partes de la aeronave.

Viga. Parte de la estructura del ala de un aeroplano que va a lo largo de ésta.

Índice